2

DAS ANDERE
DAS ANDERE
DAS ANDERE
DAS ANDERE
DAS ANDERE

EDITORA
Belo Horizonte

Tomas Tranströmer
MARES DO LESTE
e outros poemas

TRADUÇÃO e ORGANIZAÇÃO
Marcia Sá Cavalcante Schuback
REVISÃO | Fernanda Alvares

SUMÁRIO

7 **PRELÚDIO** [1954]

11 **UM INÉDITO DE TRANSTRÖMER** [1977]

15 **MARES DO LESTE** [1974]

53 **GÔNDOLA LÚGUBRE** [1996]

103 **PRISÃO** [2001]

113 **GRANDE ENIGMA** [2004]

125 **POEMAS HAIKU**

217 Posfácio
de Marcia Sá Cavalcante Schuback

227 Biografia

PRELUDIUM
[1954]

PRELÚDIO
[1954]

Uppvaknandet är ett fallskärmshopp från drömmen.
Fri från den kvävande virveln sjunker
resenären mot morgonens gröna zon.
Tingen flammar upp. Han förnimmer – i dallrande
    lärkans
position – de mäktiga trädrotsystemens
underjordiskt svängande lampor. Men ovan jord
står – i tropiskt flöde – grönskan, med
lyftade armar, lyssnande
till rytmen från ett osynligt pumpverk. Och han
sjunker mot sommaren, firas ned
i dess bländande krater, ned
genom schakt av grönfuktiga åldrar
skälvande under solturbinen. Så hejdas
denna lodräta färd genom ögonblicket och vingarna
    breddas
till fiskgjusens vila över ett strömmande vatten.
Bronsålderslurens
fredlösa ton
hänger över det bottenlösa

I dagens första timmar kan medvetandet omfatta världen
som handen griper en solvarm sten.
Resenären står under trädet. Skall,
efter störtningen genom dödens virvel,
ett stort ljus vecklas ut över hans huvud?

Acordar é saltar de sonhos com paraquedas.
Livre do turbilhão opressivo, o viajante
naufraga na zona verde da manhã.
As coisas se inflamam. Ele percebe – sabiá vibrante
em posição – os poderosos sistemas de raízes
balançando lamparinas subterrâneas. Mas sobre a terra
está – em fluência trópica – o verde, com
braços pro alto, escutando
o ritmo de um bombear invisível. E ele
naufraga para o verão, preso por um fio,
para as suas crateras ofuscantes, fundo
pelas valas
de eras verde-úmidas
tremendo sob turbinas solares. Impedindo assim
essa viagem vertical pelo instante e as asas se alargam
até o descanso de águia-pescadora pousando em água
   corrente.
Som marginal
de trombones de bronze arcaico
paira sobre o abismo.

Nas primeiras horas do dia a consciência abarca o mundo
como a mão agarra uma pedra quente de sol.
O viajante está de pé sob a árvore. Será,
que depois de cair no turbilhão da morte,
uma grande luz se espalha sobre a sua cabeça?

UM INÉDITO DE TRANSTRÖMER
[1977]

Jag ser en främmande stad. Här har jag alltid levat. Det är en tidig vårdag, jag skolkar, sitter på en parksoffa och kan se skolan. Nej, jag har aldrig börjat skolan, jag är yngre, jag har inte ens lärt mig tala. Det här blir det sista jag har kvar, den sista musiken, den sista modern. Jag har betalat i alla år för att få komma tillbaka hit - de svarta märkena finns klistrade på själen som hotelletiketterna på globetrotterns resväska - jag har betalat med dagar och nätter för att komma tillbaka till utgångspunkten som är noll. Men det är inte noll. Det är en nolla som fylls med ljus, börjar stråla, värma, det är solen som dansar över skogshorisonten i samma takt som tåget. Jag kanske tar fel.

Vejo uma cidade estrangeira. Vivi sempre aqui. É cedo num dia de primavera. Estou matando aula, sentado num banco do parque e posso ver a escola. Não, eu nunca comecei a escola, sou mais jovem, ainda nem aprendi a falar. Isso vai ser o que resta para mim, a última música, a última mãe. Paguei durante anos para poder vir para cá – as marcas negras estão coladas na alma feito etiquetas de hotel em mala do globetrotter – paguei com dias e noites para voltar ao ponto de partida que é zero. Mas não é zero. É um zero que se enche de luz, que começa a irradiar, aquecer, é o sol que dança sobre o horizonte da floresta na mesma cadência que o trem. Pode ser que me engane.

ÖSTERSJÖAR
[1974]

MARES DO LESTE
[1974]

I

Det var före radiomasternas tid.

Morfar var nybliven lots. I almanackan skrev han
upp de fartyg han lotsade –
namn, destinationer, djupgång.
Exempel från 1884:
Ångf Tiger Capt Rowan 16 fot Hull Gefle Furusund
Brigg Ocean   Capt Andersen   8 fot   Sandöfjord
Hernösand Furusund
Ångf St Pettersburg Capt Libenberg 11 fot Stettin
Libau Sandhamn

Han tog ut dem till Östersjön, genom den underbara
labyrinten av öar och vatten.
Och de som möttes ombord och bars av samma skrov
några timmar eller dygn,
hur mycket lärde de känna varann?
Samtal på felstavad engelska, samförstånd och
missförstånd men mycket lite av medveten lögn.
Hur mycket lärde de känna varann?

I

Foi antes do tempo das antenas de rádio.

O avô tinha acabado de tomar a frente de um barco,
   piloto à frente –
dos navios que ele anotava no caderno.
Nome, destinações, profundidade.
Um exemplo de 1884:
Maq. Tigre   Cap. Rowan   16 pés   Hull Gefle Furusund
Brigue Oceano   Cap. Andersen   8 pés   Sandöfjord
   Hernösand Furusund
Maq. São Petesburgo Cap. Libenberg 11 pés Stettin
   Libau Sandhamn

Ele os levou para o Mar do Leste, pelo maravilhoso
   labirinto de ilhas e água.
E os que se encontravam a bordo, sustentados pelo
   mesmo casco por horas ou dias,
quanto eles se conheceram?
Conversas com erros ortográficos em inglês, entendi-
   mentos e desentendimentos mas muito pouco de
   mentira consciente.
Quanto eles se conheceram?

När det var tät tjocka: halv fart, knappt ledsyn. Ur det
osynliga kom udden med ett enda kliv och var alldeles
intill.
Brölande signal varannan minut. Ögonen läste rätt in i
det osynliga.
(Hade han labyrinten i huvudet?)
Minuterna gick.
Grund och kobbar memorerade som psalmverser.
Och den där känslan av »just här är vi« som måste hållas
kvar, som när man bär på ett bräddfullt kärl och
ingenting får spillas.

En blick ner i maskinrummet.
Compoundmaskinen, långlivad som ett människohjärta,
arbetade med stora mjukt studsande rörelser, akrobater
av stål, och dofterna steg som från ett kök.

Quando tinha neblina densa: velocidade reduzida, vista quase cega. Do invisível surgia a ponta, um único passo e tudo era proximidade.

Estrondo de um sinal a cada dois minutos. Os olhos liam direto o invisível.

(Ele tinha o labirinto na cabeça?)

Os minutos passavam.

Raso e ilhas pequenas memorizados como versos de salmo.

E essa sensação de «estamos bem aqui» que tem de se guardar como se leva ânfora transbordando e nada pode derramar.

Uma olhada para a sala de máquinas.

Máquina compound, vida longa feito coração humano, trabalhando com grandes movimentos jogando macio, acrobatas de aço e cheiros como se vindo de uma cozinha.

II

Vinden går i tallskogen. Det susar tungt och lätt,
Östersjön susar också mitt inne på ön, långt inne i
skogen är man ute på öppna sjön.
Den gamla kvinnan hatade suset i träden. Hennes
ansikte stelnade i melankoli när det blåste upp:
»Man måste tänka på dem som är ute i båtarna.«
Men hon hörde också något annat i suset, precis som jag,
vi är släkt.
(Vi går tillsammans. Hon är död sen tretti år.)
Det susar ja och nej, missförstånd och samförstånd.
Det susar tre barn friska, ett på sanatorium och två döda.
Det stora draget som blåser liv i somliga lågor och
blåser ut andra.
Villkoren.
Det susar: Fräls mig Herre, vattnen tränger mig inpå
livet.
Man går länge och lyssnar och når då en punkt där
gränserna öppnas
eller snarare
där allting blir gräns. En öppen plats försänkt i mörker.
Människorna strömmar ut från de svagt upplysta
byggna derna runt om. Det sorlar.

II

O vento passa na floresta de pinheiros. Sussurra pesado
    e leve,
O Mar do Leste também sussurra dentro da ilha, bem
    dentro da floresta se está em mar aberto.
A mulher velha odiava o sussurro nas árvores. Ao
    ventar, seu rosto virava pedra de melancolia:
«Deve se pensar nos que estão nos barcos»
Mas ela ouvia também outra coisa no sussurro, como eu,
    somos parentes.
(Nós andamos juntos. Ela está morta há trint'anos.)
Sussurra sim e não, desentendimento e entendimento.
Sussurra três filhos com saúde, um no sanatório e dois
    mortos.
Corrente que sopra vida em algumas chamas e apaga outras.
                    Condições.
Sussurra: me salva, senhor, a água inunda a minha vida.
Se anda muito e escuta e chega num ponto onde as
    fronteiras se abrem
ou melhor
onde tudo vira fronteira. Um lugar aberto afunda no
    escuro. Os homens efluem da luz fraca de construções
    ao redor. Murmura-se.

Ett nytt vinddrag och platsen ligger åter öde och tyst.
Ett nytt vinddrag, det brusar om andra stränder.
Det handlar om kriget.
Det handlar om platser där medborgarna är under
    kontroll,
där tankarna byggs med reservutgångar,
där ett samtal bland vänner verkligen blir ett test på vad
    vänskap betyder.
Och när man är tillsammans med dem som man inte
    känner så väl. Kontroll. En viss uppriktighet är på
    sin plats
bara man inte släpper med blicken det där som driver i
    samtalets utkant: någonting mörkt, en mörk fläck.
Någonting som kan driva in
och förstöra allt. Släpp det inte med blicken!
Vad ska man likna det vid? En mina?
Nej det vore för handfast. Och nästan för fredligt – för
    på vår kust har de flesta berättelser om minor ett
    lyckligt slut, skräcken begränsad i tiden.
Som i den här historien från fyrskeppet: »Hösten 1915
    sov man oroligt…« etc. En drivmina siktades
när den drev mot fyrskeppet sakta, den sänktes
    och hävdes, ibland skymd av sjöarna, ibland
    framskymtande som en spion i en folkmassa.
Besättningen låg i ångest och sköt på den med gevär.
    Förgäves. Till sist satte man ut en båt
och gjorde fast en lång lina vid minan och bogserade
    den varsamt och länge in till experterna.

Uma nova corrente e o lugar fica de novo baldio e calado.
Uma nova corrente, assoviam-se outras margens.
Trata-se de guerra.
Trata-se de lugares onde os cidadãos estão sob controle,
onde os pensamentos se constroem com saídas de
    reserva,
onde uma conversa entre amigos realmente vira um
    teste do que amizade significa.
E quando se está junto com quem não se conhece tão
    bem. Controle. Uma certa honestidade cabe aqui
desde que não se perca de vista o que flutua na periferia da
    conversa: algo escuro, uma mancha escura.
Algo que pode entrar
e estragar tudo. Não deixe de olhar!
Parece o quê? Uma mina?
Não, seria palpável demais e quase pacífico demais – pois
    em nossa costa a maior parte dos contos de minas tem
    final feliz, um terror limitado no tempo.
Como nessa estória do navio-farol: «outono, 1915.
    Dormia-se inquieto...» etc. na mira uma mina
    flutuando.
quando devagar vinha boiando contra o navio-farol,
    descendo e subindo, às vezes velado pelas ondas, às
    vezes revelado como espião na multidão.
A tripulação deitada na angústia, armada atirava. Em
    vão. Por fim se colocou um barco no mar
amarrou-se uma corda longa à mina, rebocando-a com
    cuidado horas a fio até os especialistas.

Efteråt ställde man upp minans mörka skal i en sandig
   plantering som prydnad
tillsammans med skalen av Strombus gigas från
   Västindien.
Och havsblåsten går i de torra tallarna längre bort, den
   har bråttom över kyrkogårdens sand,
förbi stenarna som lutar, lotsarnas namn.
Det torra suset
av stora portar som öppnas och stora portar som stängs.

Pendurou-se depois a casca escura da mina numa
   plantação arenosa como enfeite
junto com casca de Strombus gigas, da Índia ocidental.
E o vento do mar passando pelos pinheiros secos lá
   longe, com pressa pela areia de cemitérios,
por pedras inclinadas, nomes daqueles à frente do barco-
   piloto.
O sussurro seco
de grandes portas se abrindo e grandes portas se
   fechando.

III

I den gotländska kyrkans halvmörka hörn, i en dager av
    mild mögel
står en dopfunt av sandsten – 1100-tal – stenhuggarens
    namn
är kvar, framlysande
som en tandrad i en massgrav:

HEGWALDR

namnet kvar. Och hans bilder
här och på andra krukors väggar, människomyller,
    gestalter på väg ut ur stenen.
Ögonens kärnor av ondska och godhet spränger där.
Herodes vid bordet: den stekta tuppen flyger upp och
    gal »Christus natus est« – servitören avrättades –
intill föds barnet, under klungor av ansikten värdiga och
    hjälplösa som apungars.
Och de frommas flyende steg
ekande över drakfjälliga avloppstrummors gap.
(Bilderna starkare i minnet än när man ser dem direkt,
    starkast när funten snurrar i en långsam mullrande
    karusell i minnet.)
Ingenstans lä. Överallt risk.

III

No canto meio escuro de uma igreja da Gotlândia,
   numa aura de mofo delicado
tem uma pia batismal de pedra arenosa – ano 1100 –
   nome do murador
guardado, luzindo
como fileira de dentes numa vala comum:

        HEGWALDR

        o nome que resta. E as suas imagens
aqui e em outras paredes de vasos, miríades de homens,
   figuras no caminho saindo da pedra.
Do fundo dos olhos explodem o bem e o mal.
Herodes à mesa: o galo assado canta em ascensão –
   «Christus natus est» – o servidor foi executado –
ao lado nasce a criança, cachos de faces dignas e
   desamparadas como filhotes de macaco.
E os passos fugitivos dos piedosos
ecoando pelo bocal dos canos de esgoto, essas escamas de
   dragão.
(Imagens mais fortes na memória do que ao vê-las
   diretamente, mais fortes quando a pia rodopia devagar
   na memória murmurando feito carrossel.)
Nenhum lugar calmo. Risco por toda parte.

Som det var. Som det är.
Bara därinnanför finns frid, i krukans vatten som ingen ser,
men på ytterväggarna rasar kampen.
Och friden kan komma droppvis, kanske om natten
när vi ingenting vet,
eller som när man ligger på dropp i en sal på sjukhuset.

Människor, bestar, ornament.
Det finns inget landskap. Ornament.

Mr B***, min reskamrat, älskvärd, i landsflykt,
frisläppt från Robben Island, säger:
»Jag avundas er. Jag känner inget för naturen.
Men *människor i landskap*, det säger mig något.«

Här är människor i landskap.
Ett foto från 1865. Ångslupen ligger vid bryggan i sundet.
Fem figurer. En dam i ljus krinolin, som en bjällra, som
en blomma.
Karlarna liknar statister i en allmogepjäs.
Alla är vackra, tveksamma, på väg att suddas ut.
De stiger iland en kort stund. De suddas ut.
Ångslupen av utdöd modell –
en hög skorsten, soltak, smalt skrov –
den är fullkomligt främmande, en UFO som landat.
Allt det andra på fotot är chockerande verkligt:
krusningarna på vattnet,
den andra stranden –

Como era. Como é.
Só lá dentro tem paz, na água do vaso que ninguém vê,
enquanto nas paredes de fora a luta se abate.
E a paz pode vir gota a gota, talvez à noite
quando não sabemos de nada,
ou quando recebemos soro num quarto de hospital.

Homens, bestas, ornamento.
Não há paisagem. Ornamento.

Mr B***, meu companheiro de viagem, querido, em fuga,
liberado de Robben Island, diz:
"Eu os invejo, não sinto nada pela natureza.
Mas *homens na paisagem*, isso me toca".

Aqui os homens estão na paisagem.
Uma foto de 1865. Barco a vapor no pier sobre o estreito.
Cinco figuras. Uma senhora em saia clara rodada, como
    um sino, como uma flor.
Os homens parecem figurantes de teatro popular.
Todos bonitos, hesitantes, prestes a serem apagados.
Desembarcam por um momento. Se apagam.
Barco a vapor de modelo ultrapassado –
chaminé alta, telhado de sol, casco fino –
totalmente estranho, UFO aterrissado.
Tudo mais na foto é chocantemente real:
ondulações na água,
a outra margem –

jag kan stryka med handen över de skrovliga berghällarna,
jag kan höra suset i granarna.
Det är nära. Det är
idag.
Vågorna är aktuella.

Nu, hundra år senare. Vågorna kommer in från no man's
water
och slår mot stenarna.
Jag går längs stranden. Det är inte som det var att gå
längs stranden.
Man måste gapa över för mycket, föra många samtal på
en gång, man har tunna väggar.
Varje ting har fått en ny skugga bakom den vanliga
skuggan
och man hör den släpa också när det är alldeles mörkt.

Det är natt.

Det strategiska planetariet vrider sig. Linserna stirrar i
mörkret.
Natthimlen är full av siffror, och de matas in
i ett blinkande skåp,
en möbel
där det bor energin hos en gräshoppssvärm som
kaläter tunnland av Somalias jord på en halvtimma.

Jag vet inte om vi är i begynnelsen eller sista stadiet.

posso passar a mão sobre falésias enrugadas
posso ouvir os sussurros nos pinheiros
É perto. É
hoje.
As ondas são atuais.

Agora, cem anos mais tarde. As ondas vindo do no man's
water
e batendo nas pedras.
Ando ao longo da praia. Não é como era andar pela
praia.
Grita-se demais, muitas conversas de uma vez só, as
paredes são finas.
Cada coisa recebeu uma sombra nova atrás da sombra
comum
e se escuta um arrastar mesmo quando está bem escuro.

É noite.

O planetário estratégico se retorce. As lentes se fixam
no escuro.
Céu noturno cheio de cifras, classificadas
num armário piscando,
um móvel
onde mora a energia de um enxame de gafanhotos
devorando acres de terra somália em meia hora.

Não sei se estamos no começo ou no último estágio.

Sammanfattningen kan inte göras, sammanfattningen är
omöjlig.
Sammanfattningen är alrunan –
(se uppslagsboken för vidskepelser:

ALRUNA

undergörande växt
som gav ifrån sig ett så ohyggligt skrik när den slets upp
ur jorden
att man föll död ner. Hunden fick göra det...)

O resumo não pode ser feito, o resumo é impossível.

O resumo é alruna –

(olha a enciclopédia por superstição:

ALRUNA

planta mandrágora

que deu um grito tão tremendo quando arrancada da
terra

que a gente caiu morta no chão. Virou tarefa do
cachorro…)

IV

Från läsidan,
närbilder.

Blåstång. I det klara vattnet lyser tångskogarna, de är
unga, man vill emigrera dit, lägga sig raklång
på sin spegelbild och sjunka till ett visst djup –
tången som håller sig uppe med luftblåsor, som
vi håller oss uppe med idéer.

Hornsimpa. Fisken som är paddan som ville bli fjäril
och lyckas till en tredjedel, gömmer sig i
sjögräset men dras upp med näten, fasthakad
med sina patetiska taggar och vårtor – när man
trasslar loss den ur nätmaskorna blir händerna
skimrande av slem.

Berghällen. Ute på de solvarma lavarna kilar småkrypen,
de har bråttom som sekundvisare – tallen kastar
en skugga, den vandrar sakta som en timvisare
– inne i mig står tiden stilla, oändligt med tid,
den tid som behövs för att glömma alla språk
och uppfinna perpetuum mobile.

IV

Do lado da calmaria,
imagens de perto.

Fava do mar. Na água clara brilham florestas de algas, jovens, para onde se quer emigrar e se espraiar sobre a sua imagem e afundar até um certo fundo – algas que ficam de pé com as bolhas de ar como ficamos com as ideias.

Peixe quadricórnio. O peixe que é rã que queria ser borboleta e conseguiu até uma terça parte, esconde-se no musgo mas se pesca com rede, preso por suas garras e verrugas patéticas – quando se desembaraça das iscas na rede, as mãos transluzem de gosma.

Encostas. Lá fora nos musgos quentes de sol, insetos correndo, cheios de pressa como ponteiros de segundo – os pinheiros lançam uma sombra, andarilham lentos como ampulheta – dentro de mim o tempo está parado, infinito com o tempo, o tempo necessário para esquecer todas as línguas e descobrir o perpetuum mobile.

På läsidan kan man höra gräset växa: ett svagt trummande
underifrån, ett svagt dån av miljontals små
gaslågor, så är det att höra gräset växa.

Och nu: vattenvidden, utan dörrar, den öppna gränsen
som växer sig allt bredare
ju längre man sträcker sig ut.

Det finns dagar då Östersjön är ett stilla oändligt tak.
Dröm då naivt om någonting som kommer krypande
på taket och försöker reda ut flagglinorna,
försöker få upp
trasan –

flaggen som är så gnuggad av blåsten och rökt av
skorstenarna och blekt av solen att den kan vara
allas.

Men det är långt till Liepāja.

Do lado da calmaria pode-se ouvir a grama crescer:
        um debaixo percurtindo fraco, um som fraco
        de milhões de pequenas chamas de gás, é assim
        ouvir grama crescer.

E agora: água vasta, sem portas, fronteira aberta
crescendo cada vez mais ao largo
quanto mais alguém se expande.

Tem dias que o Mar do Leste é um teto calmo, infinito.
Sonha então ingenuamente com algo engatinhando no
        teto, tentando desenredar as cordas da bandeira
tentando içar
o trapo –

bandeira tão esfregada pelo sopro de ventos e cinza das
        chaminés e pálida do sol que pode ser de todos.

Mas falta muito até Liepāja.

V

30 juli. Fjärden har blivit excentrisk – idag vimlar
maneterna för

> första gången på åratal, de pumpar sig fram lugnt
> och skonsamt, de hör till samma rederi: A U R E L I A,
> de driver som blommor efter en havsbegravning,
> tar man upp dem ur vattnet försvinner all form
> hos dem, som när en obeskrivlig sanning lyfts upp
> ur tystnaden och formuleras till död gelé, ja de är
> oöversättliga, de måste stanna i sitt element.

2 augusti. Någonting vill bli sagt men orden går inte
med på det.
Någonting som inte kan sägas,
afasi,
det finns inga ord men kanske en stil...

Det händer att man vaknar om natten
och kastar ner några ord snabbt
på närmaste papper, på kanten av en tidning
(orden strålar av mening!)
men på morgonen: samma ord säger ingenting längre,
klotter, felsägningar.

V

30 de julho. O arquipélago virou excêntrico – hoje está
   cheio de águas-vivas pela

primeira vez em anos, pulando feito bombas calmas
e cuidadosamente, pertencem à mesma companhia:
A U R E L I A, flutuando como flores depois de um
enterro no mar, tirando-as da água toda forma
desaparece, como quando uma indescritível verdade
se eleva do silêncio e se formula numa geleia morta,
sim, intraduzíveis, precisam ficar no seu elemento.

2 de agosto. Alguma coisa quer ser dita mas as palavras
   não querem.
Alguma coisa que não se pode dizer,
afasia,
não tem nenhuma palavra mas talvez um estilo...

Acontece de se acordar à noite
e jogar depressa umas palavras
sobre o papel mais próximo, no canto de um jornal
(palavras irradiam sentido!)
mas pela manhã: a mesma palavra não diz mais nada,
   rabisco, mal dita.

Eller fragment av den stora nattliga stilen som drog
förbi?

Musiken kommer till en människa, han är tonsättare,
spelas, gör karriär, blir chef för konservatoriet.
Konjunkturen vänder, han fördöms av myndigheterna.
Som huvudåklagare sätter man upp hans elev K***.
Han hotas, degraderas, förpassas.
Efter några år minskar onåden, han återupprättas.
Då kommer hjärnblödningen: högersidig förlamning
med afasi, kan bara uppfatta korta fraser, säger fel
ord.
Kan alltså inte nås av upphöjelse eller fördömanden.
Men musiken finns kvar, han komponerar fortfarande i
sin egen stil,
han blir en medicinsk sensation den tid han har kvar
att leva.

Han skrev musik till texter han inte längre förstod –
på samma sätt
uttrycker vi något med våra liv
i den nynnande kören av felsägningar.

Dödsföreläsningarna pågick flera terminer. Jag var
närvarande
tillsammans med kamrater som jag inte kände
(vilka är ni?)
– efteråt gick var och en till sitt, profiler.

Ou fragmentos do grande estilo noturno que passou por
  ali?

A música chega para um homem, ele é compositor, é
  tocado, faz carreira, vira chefe do conservatório.
A conjuntura vira, ele é julgado pelas autoridades.
Como principal promotor escolhe-se o aluno K***.
Ele é ameaçado, degradado, posto fora.
Depois de uns anos, diminui a desgraça, é reabilitado.
Vem o derrame: paralisia no lado direito com afasia, só
  consegue entender frases curtas, diz palavras erradas.
Não pode assim ser alcançado nem pelo elogio nem pela
  condenação.
Mas a música permanece ali, ele ainda compõe em seu
  estilo próprio,
torna-se uma sensação médica o tempo que ele ainda tem
  por viver.

Ele escreveu música para textos que não mais compreendia –
do mesmo modo
exprimimos algo com a nossa vida
no coro cantarolando lapsos.

Palestras de morte duraram muitos semestres. Eu estava
  presente
junto com colegas que eu não conhecia
(quem são vocês?)
– depois foi cada um para o seu, perfis.

Jag såg mot himlen och mot marken och rakt fram
och skriver sen dess ett långt brev till de döda
på en maskin som inte har färgband bara en
      horisontstrimma
så orden bultar förgäves och ingenting fastnar.

Jag står med handen på dörrhandtaget, tar pulsen på huset.
Väggarna är så fulla av liv
(barnen vågar inte sova ensamma uppe på kammarn –
      det som gör mig trygg gör dem oroliga).

3 augusti. Där ute i det fuktiga gräset
hasar en hälsn ing från medeltiden: vinbergssnäckan
den subtilt grågulglimmande snigeln med sitt hus på svaj,
inplanterad av munkar som tyckte om *escargots* – ja
      franciskanerna var här,
bröt sten och brände kalk, ön blev deras 1288, donation
      av kung Magnus

(»Tessa almoso ok andra slika / the möta honom nw i
      hymmerike«)
skogen föll, ugnarna brann, kalken seglades in
till klosterbyggena...
                              Syster snigel
står nästan stilla i gräset, känselspröten sugs in
och rullas ut, störningar och tveksamhet...
Vad den liknar mig själv i mitt sökande!

Olhei para o céu e para o chão e para a frente
e escrevo desde então uma longa carta para os mortos
numa máquina sem fita de cor, só um fio de horizonte
e assim as palavras pulsam em vão e nada se firma.

Estou com a mão na maçaneta, tiro o pulso da casa.
As paredes tem tanta vida
(as crianças não tem coragem de dormir sozinhas lá
em cima – o que me faz seguro as faz inquietas).

3 de agosto. Lá fora na grama úmida
se arrasta uma saudação medieval: um caramujo
o caracol de brilho sutilmente amarelo-cinza com sua
casa pra lá e pra cá,
implantado por monges que gostavam de *escargots* – sim
franciscanos estiveram aqui,
cinzelaram pedra e queimaram calcário, a ilha foi deles
em 1288, doação do rei Magnus

("Que essas dádivas e outras coisas dos seus / hajam de
encontrá-lo no reino dos céus")
a floresta caiu, fogo nos fornos, calcário selado para
construção de igrejas...
                    Irmã caracol
quase parada na grama, as antenas maiores se encolhem
e se abrem, perturbações e dúvida...
Como parece comigo na minha busca!

Vinden som blåst så noga hela dagen
– på de yttersta kobbarna är stråna allesammans räknade –
har lagt sig ner stilla inne på ön. Tändstickslågan står rak.
Marinmålningen och skogsmålningen mörknar
    tillsammans.
Också femvåningsträdens grönska blir svart.
»Varje sommar är den sista.« Det är tomma ord
för varelserna i sensommarmidnatten

där syrsorna syr på maskin som besatta
och Östersjön är nära
och den ensamma vattenkranen reser sig bland
    törnrosbuskarna
som en ryttarstaty. Vattnet smakar järn.

Vento que soprou cuidadosamente o dia todo
– nas ilhas da periferia todos os fios são contados -
se acalmou na ilha. A chama do fósforo está reta.
Pinturas marinhas e pinturas silvestres escurecem juntas.
Também o verde das árvores de cinco andares fica preto.
«Todo verão é o último.» Palavras vazias
para os seres à meia-noite de um fim de verão

onde cigarras pigarram feito máquinas de costura,
    possessas
e o Mar do Leste está perto
e a torneira solitária se levanta entre as rosas adormecidas
como estátua de cavaleiro. A água tem gosto de ferro.

VI

Mormors historia innan den glöms: hennes föräldrar
    dör unga,
fadern först. När änkan känner att sjukdomen ska ta
    också henne
går hon från hus till hus, seglar från ö till ö
med sin dotter. »Vem kan ta hand om Maria!« Ett
    främmande hus
på andra sidan fjärden tar emot. Där har de råd.
Men de som hade råd var inte de goda. Fromhetens
    mask spricker.
Marias barndom tar slut i förtid, hon går som piga utan
    lön
i en ständig köld. Många år. Den ständiga sjösjukan
under de långa rodderna, den högtidliga terrorn
vid bordet, minerna, gäddskinnet som knastrar
i munnen: var tacksam, var tacksam.
                    Hon såg sig aldrig tillbaka
men just därför kunde hon se Det Nya
och gripa tag i det.
Bort ur inringningen!

Jag minns henne. Jag tryckte mig mot henne

VI

História da minha avó antes de esquecer: seus pais
    morrem cedo,
primeiro o pai. Quando a viúva sente que a doença vai
    pegá-la
vai de casa em casa, veleja de ilha em ilha
com a sua filha. «Quem pode cuidar de Maria!». Uma
    casa de estranhos
do outro lado do arquipélago recebe. Lá tem posses.
Mas quem tinha posses não eram os bons. A máscara da
    piedade se parte.
A infância de Maria acaba antes do tempo, ela vive como
    empregada sem salário
no frio constante. Muitos anos. Enjoo constante
durante as longas remadas, terror solene
à mesa, caretas, pele de peixe rangindo
na boca: seja grata, seja grata.
                        Ela nunca olhou para trás
mas justo por isso podia ver O Novo
e agarrá-lo.
Sair do cerco!

Eu me lembro dela. Eu me aconchegava nela

och i dödsögonblicket (övergångsögonblicket?) sände
   hon ut en tanke
så att jag – femåringen – förstod vad som hänt
en halvtimme innan de ringde.

Jag minns henne. Med på nästa bruna foto
är den okände –
dateras enligt kläderna till förra seklets mitt.
En man omkring trettio: de kraftiga ögonbrynen,
ansiktet som ser mig rätt in i ögonen
och viskar: »här är jag«.
Men vem »jag« är
finns det inte längre någon som minns. Ingen.

TBC? Isolering?
                    .

En gång stannade han
i den steniga gräsångande backen från sjön
och kände den svarta bindeln för ögonen.

Här, bakom täta snår – är det öns äldsta hus?
Den låga knuttimrade 200-åriga sjöboden med
   gråraggigt tungt trä.
Och det moderna mässingslåset har klickat igen om
   alltsammans, lyser som ringen i nosen på en gammal tjur
som vägrar att resa sig.
Så mycket hopkurat trä. På taket de uråldriga tegelpannorna
   som rasat kors och tvärs på varann

e no instante da morte (instante de transição?) ela enviou
    um pensamento
para que eu – aos cinco anos – entendesse o que acontecia
uma meia hora antes deles ligarem.

Eu me lembro dela. Na outra foto marrom está
também o desconhecido –
a datar segundo as roupas da metade do século passado.
Um homem por volta dos trinta: sobrancelhas cerradas,
rosto me olhando bem nos olhos
e cochichando: «aqui estou eu».
Mas quem «eu» sou
não tem ninguém mais pra lembrar. Ninguém.

TBC? Isolamento?

Uma vez ele parou
na ladeira de pedra gotejada de grama, saída do mar
e sentiu a venda preta nos olhos.

Aqui, atrás do mato espesso – é a casa mais velha da ilha?
Cabana baixa de troncos, 200 anos de madeira cinza
    pesada,
E a fechadura moderna de bronze trancou tudo, brilha
    como anel no focinho de um touro velho
que se recusa a levantar.
Tanta madeira embolada. No teto telhas antiquíssimas de
    tijolo arrasadas umas sobre as outras

(det ursprungliga mönstret rubbat av jordens rotation
genom åren)
det påminner om något... jag var där... vänta: det är
den gamla judiska kyrkogården i Prag
där de döda lever tätare än i livet, stenarna tätt tätt.

Så mycket inringad kärlek! Tegelpannorna med lavarnas
skrivtecken på ett okänt språk
är stenarna på skärgårdsfolkets ghettokyrkogård,
stenarna uppresta och hoprasade. –
Rucklet lyser
av alla dem som fördes av en viss våg, av en viss vind
hit ut till sina öden.

(a composição original perturbada pela rotação da terra
    pelos anos)
isso lembra alguma coisa... eu estive lá... espera: é o
    antigo cemitério judeu em Praga
onde os mortos vivem mais apertados do que na vida,
    pedras densas densas.

Quanto amor cercado! Telhas de tijolo, escrita de líquens
    numa língua desconhecida
são pedras no cemitério-gueto do povo do arquipélago,
    pedras levantadas e arrasadas. –
O barraco brilha
de todos aqueles levados por uma certa onda, por um
    certo vento
até aqui, aos seus destinos.

SORGEGONDOLEN
[1996]

GÔNDOLA LÚGUBRE
[1996]

APRIL OCH TYSTNAD

Våren ligger öde.
Det sammetsmörka diket
krälar vid min sida
utan spegelbilder.

Det enda som lyser
är gula blommor.

Jag bärs i min skugga
som en fiol
i sin svarta låda.

Det enda jag vill säga
glimmar utom räckhåll
som silvret
hos pantlånaren.

ABRIL E SILÊNCIO

Primavera deserta.
Vala do escuro aveludado
rasteja ao meu lado
sem imagens, sem espelho.

O único que ilumina
são flores amarelas.

Sou carregado na minha sombra
como um violino
em sua caixa preta.

O único que quero dizer
brilha fora de alcance
como a prata
na loja de penhores.

OSÄKERHETENS RIKE

Byråchefen lutar sig fram och ritar ett kryss
och hennes örhängen dinglar som damoklessvärd.

Som en spräcklig fjäril blir osynlig mot marken
flyter demonen ihop med den uppslagna tidningen.

En hjälm som bärs av ingen har tagit makten.
Modersköldpaddan flyr flygande under vattnet.

REINO DA INCERTEZA

A chefe da repartição se inclina e desenha uma cruz
e seus brincos balançam feito espada de Dâmocles.

Como uma borboleta rajada fica invisível no chão
o demônio se mistura com o jornal aberto.

Um elmo sem dono tomou o poder.
A mãe tartaruga foge voando debaixo d'água.

NATTBOKSBLAD

Jag landsteg en majnatt
i ett kyligt månsken
där gräs och blommor var grå
men doften grön.

Jag gled uppför sluttningen
i den färgblinda natten
medan vita stenar
signalerade till månen.

En tidrymd
några minuter lång
femtioåtta år bred.

Och bakom mig
bortom de blyskimrande vattnen
fanns den andra kusten
och de som härskade.

Människor med framtid
i stället för ansikten.

FOLHA NO LIVRO DA NOITE

Aterrissei numa noite de maio
em luar frio
onde grama e flores eram cinzas
mas o perfume verde.

Deslizei subida acima
na noite daltônica
enquanto pedras brancas
assinalavam para a lua.

Um espaço de tempo
uns minutos de comprimento
e cinquenta e oito anos de largura.

E atrás de mim, depois
das águas luzindo chumbo
havia a outra costa
e os que reinavam.

Homens com futuro
em vez de caras.

SORGEGONDOL NR 2

I

Två gubbar, svärfar och svärson, Liszt och Wagner, bor
vid Canal Grande
tillsammans med den rastlösa kvinnan som är gift med
kung Midas
han som förvandlar allting han rör vid till Wagner.
Havets gröna köld tränger upp genom golven i palatset.
Wagner är märkt, den kända kasperprofilen är tröttare
än förr
ansiktet en vit flagg.
Gondolen är tungt lastad med deras liv, två tur och retur
och en enkel.

II

Ett fönster i palatset flyger upp och man grimaserar i det
plötsliga draget.
Utanför på vattnet visar sig sopgondolen paddlad av två
enårade banditer.
Liszt har skrivit ner några ackord som är så tunga att de
borde skickas
till mineralogiska institutionen i Padova för analys.
Meteoriter!

GÔNDOLA LÚGUBRE N° 2

I

Dois sujeitos, sogro e genro, Liszt e Wagner, moram no
    Canal Grande
juntos com a mulher ansiosa casada com rei Midas
ele que transforma tudo que toca em Wagner.
O frio verde do mar se impõe pelos pisos do palácio.
Wagner está marcado, o conhecido perfil teatral mais
    cansado do que antes
o rosto, uma bandeira branca.
A gôndola sobrecarregada com as suas vidas, duas idas e
    voltas e uma simples.

II

Uma janela no palácio esvoaça no ar, rostos se agitam na
    corrente súbita.
Lá fora na água aparece a gôndola do lixo remada por
    dois bandidos - cada um um remo.
Liszt escreveu uns acordes tão pesados que deveriam ser
    enviados
para análise ao instituto de mineralogia em Pádua.
Meteoritos!

För tunga för att vila, de kan bara sjunka och sjunka
   genom framtiden ända ner
ill brunskjortornas år.
Gondolen är tungt lastad med framtidens hopkurade
   stenar.

III

Gluggar mot 1990.

25 mars. Oro för Litauen.
Drömde att jag besökte ett stort sjukhus.
Ingen personal. Alla var patienter.

I samma dröm en nyfödd flicka
som talade i fullständiga meningar.

IV

Bredvid svärsonen som är tidens man är Liszt en maläten
   grandseigneur.
Det är en förklädnad.
Djupet som prövar och förkastar olika masker har valt
   just den här åt honom –
djupet som vill stiga in till människorna utan att visa sitt
   ansikte.

Pesados demais pra descansar, só podem afundar e
 afundar pelo futuro até lá embaixo
até os anos das camisas pardas.
A gôndola sobrecarregada pelas pedras encolhidas do
 futuro.

III

Espiando 1990.

25 de março. Preocupação com a Lituânia.
Sonhei que visitei um grande hospital.
Nenhum pessoal. Todos eram pacientes.

No mesmo sonho uma menina recém-nascida
que dizia frases inteiras.

IV

Ao lado do genro que é um homem do tempo, comido
 pelas traças, Liszt é um grand seigneur.
Isso é um disfarce.
O fundo que prova e recusa diferentes máscaras escolheu
 justo essa para ele –
o fundo quer entrar para junto dos homens sem mostrar
 a sua cara.

V

Abbé Liszt är van att bära sin resväska själv genom
 snöglopp och solsken
och när han en gång skall dö är det ingen som möter
 vid stationen.
En ljum bris av mycket begåvad konjak för honom bort
 mitt i ett uppdrag.
Han har alltid uppdrag.
Tvåtusen brev om året!
Skolpojken som skriver det felstavade ordet hundra
 gånger innan han får gå hem.
Gondolen är tungt lastad med liv, den är enkel och svart.

VI

Åter till 1990.

Drömde att jag körde tjugo mil förgäves.
Då förstorades allt. Sparvar stora som höns
sjöng så att det slog lock för öronen.
Drömde att jag ritat upp pianotangenter
på köksbordet. Jag spelade på dem, stumt.
Grannarna kom in för att lyssna.

V

O abade Liszt está acostumado a carregar a sua mala pela
  neve derretida e pelo brilho do sol
e no momento que morrer ninguém vai encontrar na
  estação.
Uma brisa morna de conhaque bem talentoso o afasta
  de uma tarefa.
Ele tem sempre tarefas.
Duas mil cartas por ano!
Menino de escola que escreve cem vezes a palavra errada
  antes de poder voltar pra casa.
A gôndola sobrecarregada com vidas, é simples e negra.

VI

De volta a 1990.

Sonhei que dirigia 200 quilômetros à toa.
Tudo aumentou. Pardais grandes como galinhas
cantavam até tapar os ouvidos.
Sonhei que desenhei teclas de piano
na mesa da cozinha. Eu tocava nelas, mudo.
E os vizinhos entravam para ouvir.

VII

Klaveret som har tigit genom hela Parsifal (men lyssnat)
   får äntligen säga något.
Suckar... sospiri...
När Liszt spelar ikväll håller han havspedalen nertryckt
så att havets gröna kraft stiger upp genom golvet och
   flyter samman med all sten i byggnaden.
Godafton vackra djup!
Gondolen är tungt lastad med liv, den är enkel och svart.

VIII

Drömde att jag skulle börja skolan men kom försent.
Alla i rummet bar vita masker för ansiktet.
Vem som var läraren gick inte att säga.

kommentar:
Vid årsskiftet 1882/1883 besökte Liszt sin dotter Cosima och
   hennes man, Richard Wagner, i Venedig. Wagner dog
   några månader senare. Under denna tid komponerade
   Liszt två pianostycken som publicerades under titeln
   »Sorgegondol«.

VII

O teclado ficou em silêncio por todo o Parsifal (mas
    escutando) pode por fim dizer alguma coisa.
Suspiro… sospiri…
Quando Liszt toca de noite ele segura tanto o pedal do
    mar
que a força verde do mar sobe pelo chão e se move junto
    com todas as pedras do prédio.
Boa noite fundo bonito!
A gôndola sobrecarregada com vidas, é simples e negra.

VIII

Sonhei que ia começar a escola mas cheguei atrasado.
Todos na sala tinham uma máscara branca no rosto.
Difícil saber quem era o professor.

Comentário:
Na virada do ano de 1882 para 1883, Liszt visitou sua filha
    Cosima e seu marido Richard Wagner em Veneza.
    Wagner morreu uns meses depois. Nessa época, Liszt
    compôs duas obras para piano publicadas sob o título
    «Gôndola lúgubre».

LANDSKAP MED SOLAR

Solen glider fram bakom husväggen
ställer sig mitt i gatan
och andas på oss
med sin röda blåst.
Innsbruck jag måste lämna dig.
Men i morgon
står en glödande sol
i den halvdöda grå skogen
där vi skall arbeta och leva.

PAISAGEM COM SÓIS

O sol passa pela parede da casa
se coloca no meio da rua
e respira sobre nós
com o seu sopro vermelho.
Insbruck, tenho que te deixar.
Mas amanhã
haverá um sol incandescente
na floresta cinza meio morta
onde vamos trabalhar e viver.

NOVEMBER I FORNA DDR

Det allsmäktiga cyklopögat gick i moln
och gräset ruskade på sig i koldammet.

Mörbultade av nattens drömmar
stiger vi ombord på tåget
som stannar vid varje station
och lägger ägg.

Det är ganska tyst.
Klångandet från kyrkklockornas ämbar
som hämtat vatten.
Och någons obevekliga hosta
som skäller på allt och alla.

Ett stenbeläte rör sina läppar:
det är staden.
Där råder järnhårda missförstånd
bland kioskbiträden slaktare
plåtslagare marinofficerare
järnhårda missförstånd, akademiker.

Vad mina ögon värker!
De har läst vid lysmasklampornas matta sken.

NOVEMBRO NA ANTIGA RDA

O olho ciclope onipotente foi às nuvens
e a grama estremeceu na poeira de carvão.

Palpitados pelos sonhos da noite
subimos no trem
esse que para em cada estação
e põe ovos.

Muito silêncio.
O dim-dom dos relógios das igrejas
feito balde em busca d'água.
E a tosse insistente de alguém
a xingar tudo e todos.

Um simulacro de pedra mexe os lábios:
é a cidade.
Lugar de desentendimentos duros, férreos
entre açougueiros donos de quiosques
metaleiros oficiais da marinha
desentendimentos, duros, férreos, acadêmicos.

Como doem meus olhos!
De ler à luz pálida de vaga-lumes.

November bjuder på karameller av granit.
Oberäkneligt!
Som världshistorien
som skrattar på fel ställe.

Men vi hör klångandet
från kyrkklockornas ämbar när de hämtar vatten
varje onsdag
– är det onsdag? –
där har vi för våra söndagar!

Novembro convida para caramelos de granito.
Imprevisível!
Como a história do mundo
rindo no lugar errado.

Mas ouvimos o dim-dom
dos relógios da igreja, esses baldes em busca
    d'água
toda quarta-feira
– é quarta-feira? –
 eis o que temos para os nossos domingos!

FRÅN JULI 90

Det var en begravning
och jag kände att den döde
läste mina tankar
bättre än jag själv.

Orgeln teg, fåglarna sjöng.
Gropen ute i solgasset.
Min väns röst höll till
på minuternas baksida.

Jag körde hem genomskådad
av sommardagens glans
av regn och stillhet
genomskådad av månen.

DE JULHO 90

Foi um enterro
e senti que o morto
lia meus pensamentos
melhor do que eu.

O órgão calou, os pássaros cantaram.
O buraco na viela do sol.
A voz do amigo estava
do outro lado dos minutos.

Dirigi para casa revistado
pelo brilho de um dia de verão
de chuva e calma
revistado pela lua.

GÖKEN

En gök satt och hoade i björken strax norr om huset. Den var så högröstad att jag först trodde att det var en operasångare som utförde en gökimitation. Förvånad såg jag fågeln. Stjärtfjädrarna rörde sig upp och ner för varje ton, som handtaget på en pump. Fågeln hoppade jämfota, vände sig om och skrek åt alla väderstreck. Sedan lyfte den och flög småsvärande över huset och långt bort i väster... Sommaren åldras och allt flyter ihop till ett enda vemodigt sus. Cuculus canorus återvänder till tropikerna. Dess tid i Sverige är över. Den blev inte lång! I själva verket är göken medborgare i Zaire... Jag är inte längre så förtjust i att resa. Men resan besöker mig. Nu när jag trängs in alltmer i ett hörn, när årsringarna växer, när jag behöver läsglasögon. Det händer alltid mycket mer än vi kan bära! Det finns inget att förvånas över. Dessa tankar bär mig lika trofast som Susi och Chuma bar Livingstones mumie tvärs genom Afrika.

O CUCO

Um cuco pousou e cantou na bétula ao norte da casa. Cantava tão agudo que pensei ser um cantor de ópera imitando um cuco. Espantado vi o pássaro. As penas do rabo subiam e desciam em cada tom, como manivela de bomba d'água. O pássaro pulou de pés juntos, se virou e gritou em todas as direções. Depois levantou e voou, resmungando sobre a casa, e bem longe no oeste... O verão envelhece e tudo se conjuga num único sopro melancólico. *Cuculus canorus* volta para os trópicos. Seu tempo na Suécia acabou. Durou pouco! Na realidade, o cuco é cidadão do Zaire. Não gosto mais de viajar. Mas a viagem me visita. Agora que me vejo cada vez mais espremido num canto, que os anéis das árvores crescem, que preciso de óculos para ler. Acontece bem mais do que podemos suportar! Nada de surpreender. Esses pensamentos me carregam tão crédulo como Suza e Chuma carregam a múmia de Livingstone pela África.

TRE STROFER

I

Riddaren och hans fru
förstenade men lyckliga
på ett flygande kistlock
utanför tiden.

II

Jesus höll upp ett mynt
med Tiberius i profil
en profil utan kärlek
makten i omlopp.

III

Ett rinnande svärd
utplånar minnena.
I marken rostar
trumpeter och gehäng.

TRÊS ESTROFES

I

O cavaleiro e sua mulher
petrificados mas felizes
numa tampa sepulcral voadora
fora do tempo.

II

Jesus levantou uma moeda
com o perfil de Tibério
um perfil sem amor
poder em ciclos.

III

Uma espada corrente
devasta memórias.
No chão enferrujam
trompetas e faixas.

SOM ATT VARA BARN

Som att vara barn och en oerhörd förolämpning
träs över ens huvud som en säck
genom säckens maskor skymtar solen
och man hör körsbärsträden gnola.

Men det hjälper inte, den stora förolämpningen
täcker huvud och torso och knän
och man rör sig sporadiskt
men gläds inte åt våren.

Ja, skimrande mössa drag ner den över ansiktet
stirra genom maskorna.
På fjärden myllrar vattenringarna ljudlöst.
Gröna blad förmörkar jorden.

FEITO CRIANÇA

Feito criança e uma humilhação imensa
veste a cabeça como saco de juta
pelos pontos do tecido transluz o sol
e se ouvem cerejeiras cantar.

Mas isso não ajuda, a grande humilhação
cobre a cabeça e o torso e o joelho
e alguém se mexe esporadicamente
mas não se alegra com a primavera.

Sim, a touca brilhante, puxada sobre o rosto
fixa os olhos nos alinhavos.
Na passagem do mar miríades de anéis d'água inaudíveis.
Folhas verdes escurecem a terra.

TVÅ STÄDER

På var sin sida om ett sund, två städer
den ena mörklagd, ockuperad av fienden.
I den andra brinner lamporna.
Den lysande stranden hypnotiserar den mörka.

Jag simmar ut i trance
på de glittrande mörka vattnen.
En dov tubastöt tränger in.
Det är en väns röst, tag din grav och gå.

DUAS CIDADES

De cada lado do estreito, duas cidades
uma escurecida, ocupada pelo inimigo.
Na outra, lâmpadas ardentes.
O brilho da praia hipnotiza a escura.

Eu nado em transe
no brilho da água escura.
Um toque estrondoso de tuba invade.
É a voz de um amigo, toma o teu túmulo e vai.

LJUSET STRÖMMAR IN

Utanför fönstret är vårens långa djur
den genomskinliga draken av solsken
rinner förbi som ett ändlöst
förortståg – vi hann aldrig se huvudet.

Strandvillorna flyttar sig i sidled
de är stolta som krabbor.
Solen får statyerna att blinka.

Det rasande eldhavet ute i rymden
transjorderas till en smekning.
Nedräkningen har börjat.

A LUZ ENTRA E FLUI

De fora da janela, o longo animal da primavera
o dragão transparente do brilho de sol
passa correndo como um trem suburbano
sem fim – não deu para ver a cabeça.

Casas de praia se mexem para o lado
são orgulhosas como caranguejos.
O sol faz as estátuas piscarem.

A bola de fogo arrasando o espaço
se transterra num carinho.
A contagem regressiva começou.

NATTLIG RESA

Det myllrar under oss. Tågen går.
Hotell Astoria darrar.
Ett glas vatten vid sängkanten
lyser i tunnlarna.

Han drömde att han var fånge i Svalbard.
Planeten vred sig mullrande.
Tindrande ögon gick över isarna.
Miraklernas skönhet fanns.

VIAGEM NOTURNA

Miríades debaixo de nós. Os trens passam.
O Hotel Astoria treme.
Um copo d'água na cabeceira
cintila nos túneis.

Ele sonhou que era prisioneiro em Svalbard.
O planeta irando-se estrondoso.
Olhos respladecentes atravessando gelos.
Tinha beleza de milagres.

HAIKUDIKTER

I

Kraftledningarna
spända i köldens rike
norr om all musik.

*

Den vita solen
träningslöper ensam mot
dödens blåa berg.

*

Vi måste leva
med det finstilta gräset
och källarskrattet.

*

Solen står lågt nu.
Våra skuggor är jättar.
Snart är allt skugga.

POEMAS HAIKU

I

As altas tensões
hirtas no reino frio
norte música.

*

como o sol branco
treina correndo para
a morte azul.

*

temos que viver
com a grama miúda
e riso fundo.

*

Subsol agora
Nossas sombras gigantes
Logo só sombras.

II

Orkidéerna.
Tankbåtar glider förbi.
Det är fullmåne.

III

Medeltida borg,
främmande stad, kalla sfinx,
tomma arenor.

*

Löven viskade:
ett vildsvin spelar orgel.
Och klockorna slog.

*

Och natten strömmar
från öster till väster med
månens hastighet.

II

As orquídeas.
As ideias deslizam.
É lua cheia.

III

Forte medieval,
vila estranha, esfinge fria,
arenas nuas.

*

Folhas sussurram:
javali toca órgão.
E sinos bateram.

*

E a noite flui
de leste a oeste
rapidez lunar.

IV

Ett par trollsländor
fasthakade i varann
svirrade förbi.

*

Närvaro av Gud.
I fågelsångens tunnel
öppnas en låst port.

*

Ekar och månen.
Ljus och tysta stjärnbilder.
Det kalla havet.

IV

As libélulas
presas umas nas outras
passam tremendo.

*

Presença de Deus.
Ave canta no túnel
porta desfecho.

*

Barcos e lua.
Luz e estrelas caladas.
Como mar frio.

FRÅN ÖN 1860

I

En dag när hon sköljde tvätt från bryggan
steg fjärdens köld upp genom armarna
och in i livet.

Tårarna frös till glasögon.
Ön lyfte sig själv i gräset
och strömmingsfanan vajade i djupet.

II

Och koppornas svärm hann upp honom
slog ner på hans ansikte.
Han ligger och stirrar i taket.

Hur det roddes uppför tystnaden.
Nuets evigt rinnande fläck
nuets evigt blödande punkt.

DA ILHA 1860

I

Um dia quando ela enxaguava roupa no pier
o frio do canal marítimo subiu aos braços
e à vida.

Lágrimas congelaram em óculos,
A ilha se içou na grama
e os arenque balançavam feito bandeira do mar.

II

E o enxame de varíolas o alcançou
e baixou no seu rosto.
Ele deita e fixa o olhar no teto.

Como se remava silêncio acima.
Manchas escorrendo eternamente do agora
Pontos sangrando eternamente do agora.

TYSTNAD

Gå förbi, de är begravda…
Ett moln glider över solskivan.

Svälten är en hög byggnad
som flyttar sig om natten

i sovrummet öppnar sig en hisstrummas
mörka stav mot innandömena.

Blommor i diket. Fanfar och tystnad.
Gå förbi, de är begravda…

Bordssilvret överlever i stora stim
på stort djup där Atlanten är svart.

SILÊNCIO

Passa, eles estão enterrados...
Uma nuvem paira sobre o disco do sol.

A fome é um prédio alto
se mudando noite adentro.

No quarto de dormir abre-se uma porta escura
elevador para as vísceras.

Flores no fosso. Fanfarra e silêncio.
Passa, eles estão enterrados...

A mesa de prata sobrevive em grandes cardumes
no fundo grande onde o Atlântico é negro.

MIDVINTER

Ett blått sken
strömmar ut från mina kläder.
Midvinter.
Klirrande tamburiner av is.
Jag sluter ögonen.
Det finns en ljudlös värld
det finns en spricka
där döda
smugglas över gränsen.

SOLSTÍCIO DE INVERNO

Um brilho azul
emana de minhas roupas.
Solstício de inverno.
Tamborins tilitando de gelo.
Eu fecho os olhos.
tem um mundo sem som
tem um arranhão
onde mortos
são contrabandeados na fronteira.

EN SKISS FRÅN 1844

William Turners ansikte är brunt av väder
han har sitt staffli längst ute bland bränningarna.
Vi följer den silvergröna kabeln ner i djupen.

Han vadar ut i det långgrunda dödsriket.
Ett tåg rullar in. Kom närmare.
Regn, regn färdas över oss.

UM ESBOÇO DE 1844

O tempo bronzeou o rosto de William Turner
ele tem seu cavalete lá fora nas cristas das ondas.
Seguimos o cabo verde-prata até o fundo.

Ele põe o pé bem no raso do reino dos mortos.
Um trem chega. Vem mais perto.
Chuva, chuva passa por nós.

FÄNGELSE
[2001]

PRISÃO
[2001]

1959 besökte Tomas Tranströmer sin vän psykologen och poeten Åke Nordin som då var anstaltschef på Hällby ungdomsfängelse utanför Eskilstuna. Som nyårshälsning sände Tranströmer samma år åtta haikudikter till Åke Nordin och hans hustru Ulla. Dessa följdes av en nionde haiku, som av någon anledning inte kom med i brevet.

Em 1959, Tomas Tranströmer visitou seu amigo psicólogo e poeta Åke Nordin, então chefe do presídio para adolescentes em Hällby, fora de Eskilstuna. Como saudação de Ano-novo, Tranströmer enviou nesse mesmo ano oito poemas haiku para Åke Nordin e a sua esposa Ulla. A esses seguiu um nono poema haiku que por alguma razão não acompanhou a carta.

De sparkar fotboll
plötslig förvirring – bollen
flög över muren.

*

De väsnas ofta
för att skrämma tiden in
i snabbare lunk.

*

Felstavade liv –
skönheten kvarlever som
tatueringar.

Jogam futebol
súbito caos – a bola
sobrevoa o muro.

*

Barulho demais
para assustar o tempo
passo rápido.

*

Vida com erros –
beleza que não morre
são tatuagens.

När rymmaren greps
bar han fickorna fulla
med kantareller.

*

Verkstädernas dån
och vakttornens tunga steg
förbryllade skogen.

*

Porten glider upp
vi står på anstaltsgården
i en ny årstid.

Fugiu – foi preso
e tinha bolsos cheios
de cogumelos.

*

Som de martelo
passo denso das torres
mato confuso.

*

Portão aberto
pátio do presídio
nova estação.

Murens lampor tänds –
nattflygaren ser en fläck
av overkligt ljus.

*

Natt – en långtradare
går förbi, internernas
drömmar i darrning.

*

Pojken dricker mjölk
och somnar trygg i sin cell,
en moder av sten.

Muros acesos –
voador noturno vê
manchas surreais.

*

Noite – caminhão
passa, e os internos
sonhos tremem.

*

Menino-leite
dorme calmo na cela
a mãe de pedra.

DEN STORA GÅTAN
[2004]

GRANDE ENIGMA
[2004]

ÖRNKLIPPAN

Bakom terrariets glas
reptilerna
underligt orörliga.

En kvinna hänger tvätt
i tystnaden.
Döden är vindstilla.

I markens djup
glider min själ
tyst som en komet.

ROCHEDO DE UMA ÁGUIA

Atrás do vidro do terrário
répteis
estranhamente imóveis.

Uma mulher pendura a roupa
no silêncio.
A morte está parada.

No fundo do solo
minha alma desliza
calada feito cometa.

FASADER

I

Vid vägs ände ser jag makten
och den liknar en lök
med överlappande ansikten
som lossnar ett efter ett...

II

Teatrarna töms. Det är midnatt.
Bokstäverna flammar på fasaderna.
De obesvarade brevens gåta
sjunker genom det kalla glittret.

FACHADAS

I

No fim do caminho vejo o poder
e parecendo uma cebola
com rostos em camadas
soltando uma depois da outra...

II

Os teatros esvaziando. É meia-noite.
Nas fachadas letras em chamas.
O enigma sem resposta da carta
afunda no brilho gelado.

NOVEMBER

När bödeln har tråkigt blir han farlig.
Den brinnande himlen rullar ihop sig.

Knackningar hörs från cell till cell
och rummet strömmar upp ur tjälen.

Några stenar lyser som fullmånar.

NOVEMBRO

Entediado, o carrasco vira perigoso.
Incendiado, o céu se contrai.

Batidas se escutam de cela em cela
e o espaço emana da dureza.

Algumas pedras brilham como luas cheias.

SNÖ FALLER

Begravningarna kommer
tätare och tätare
som vägskyltarna
när man närmar sig en stad.

Tusentals människors blickar
i de långa skuggornas land.

En bro bygger sig
långsamt
rakt ut i rymden.

NEVE CAI

Enterros chegam
mais e mais perto
como placas na estrada
ao se aproximar a cidade.

Milhares de olhares humanos
na longa terra das sombras.

Uma ponte aponta
devagar
bem longe no espaço.

NAMNTECKNINGAR

Jag måste kliva
över den mörka tröskeln.
En sal.
Det vita dokumentet lyser.
Med många skuggor som rör sig.
Alla vill underteckna det.

Tills ljuset hann upp mig
och vek ihop tiden.

ASSINATURAS

Tenho que saltar
sobre a soleira escura.
Uma sala.
O documento claro brilha.
Com muitas sombras se mexendo.
Todos querem assiná-lo.

Até que a luz me alcançou
e dobrou o tempo.

HAIKUDIKTER

POEMAS HAIKU

I

Ett lamakloster
med hängande trädgårdar.
Bataljmålningar.

I

Mosteiro Lama
com jardins em suspensão
lutas pintadas.

Hopplöshetens vägg…
Duvorna kommer och går
utan ansikten.

Muro sem depois...
quando pombos vão e vem
sem nenhum rosto.

Tankar står stilla
som mosaikplattorna
i palatsgården.

Sem pensamentos
tesselas de mosaico
jardim para rei.

Står på balkongen
i en bur av solstrålar –
som en regnbåge.

Pelas varandas
gaiola raiando o sol –
um arco-íris.

Gnolar i dimman.
En fiskebåt långt ute –
trofé på vattnet.

Canto de névoa.
Barco pescando longe –
troféu na água.

Glittrande städer:
ton, sagor, matematik –
fast annorlunda.

Cidades raiam:
som, saga e cálculos
mas diferente.

II

Rentjur i solgass.
Flugorna syr och syr fast
skuggan vid marken.

II

Rena-touro-sol.
Moscas costuram, prendem
sombra na terra.

III

En pinande blåst
drar genom huset i natt –
demonernas namn.

III

O sopro corta
a corrente noturna –
nomes do demo.

Ruggiga tallar
på samma tragiska myr.
Alltid och alltid.

Pinhos dão medo
nesse pântano triste.
Sempre e sempre.

Buren av mörkret.
Jag mötte en stor skugga
i ett par ögon.

O escuro leva.
Encontrei uma sombra
num par de olhos.

Novembersolen…
min jätteskugga simmar
och blir en hägring.

Sol de novembro…
a sombra grande nada
vira miragem.

Dessa milstenar
som gett sig ut på vandring.
Hör skogsduvans röst.

Pedras de toque
saindo para andar.
Ouça o pombo.

Döden lutar sig
över mig, ett schackproblem.
Och har lösningen.

Morte caindo
em mim, xadrez enigma.
E tem solução.

IV

Solen försvinner.
Bogserbåten tittar med
bulldogansiktet.

IV

O sol sumindo.
O barco reboque olha
feito buldogue.

På en klippavsats
syns sprickan i trollväggen.
Drömmen ett isberg.

Na falésia
muro mago rasgado.
Sonho glaciar.

Uppför branterna
under solen – getterna
som betade eld.

Ladeiras altas
debaixo do sol – cabras
comendo fogo.

V

Och blåeld, blåeld
reser sig ur asfalten
som en tiggare.

V

O fogo, azul
levanta do asfalto
como mendigo.

De bruna löven
är lika dyrbara som
Dödahavsrullar.

As folhas marrons
tão valiosas como
rolo mar-morto.

VI

På en hylla i
dårarnas bibliotek
postillan orörd.

VI

Numa estante na
biblioteca dos loucos
registro virgem.

Kom upp ur kärret!
Malarna skakar av skratt
när furan slår tolv.

Deixa a poça!
As traças morrem de rir
pinho ao pino.

Min lycka svällde
och grodorna sjöng i de
pommerska kärren.

Riso inchando
os sapos cantando nas
poças pomerãs.

Han skriver, skriver…
lim flöt i kanalerna.
Pråmen över Styx.

Escreve, sempre…
cola canalizando.
Barco no Estige.

Gå tyst som ett regn,
möt de viskande löven.
Hör klockan i Kreml!

Chuva calada,
cochichando nas folhas.
O sino do Kremlin!

VII

Förbryllande skog
där Gud bor utan pengar.
Murarna lyste.

VII

Selva estranha
onde Deus mora pobre.
Muros brilhando.

Krypande skuggor…
Vi är vilse i skogen
i murklornas klan.

Sombras de quatro…
Perdidos na floresta
no clã dos fungos.

En svartvit skata
springer envist i sick-sack
tvärs över fälten.

A gralha sem cor
corre-corre teimoso
cruza o campo.

Se hur jag sitter
som en uppdragen eka.
Här är jag lycklig.

Olha, eu sento
como um barco sem mar
Aqui sou feliz.

Alléerna lunkar
i koppel av solstrålar.
Ropade någon?

Aléas andam
sol puxa as coleiras.
E alguém chamou?

VIII

Gräset reser sig –
hans ansikte en runsten
upprest till minne.

VIII

Grama levante –
seu rosto uma runa
em memória.

Här finns en mörk bild.
Övermålad fattigdom,
blommor i fångdräkt.

Imagem negra.
Pobreza repintada,
flores forçadas.

IX

När stunden kommer
vilar den blinda vinden
mot fasaderna.

IX

Quando é hora
vento cego descansa
pelas fachadas.

Jag har varit där –
och på en vitkalkad vägg
samlas flugorna.

Eu estive lá –
e num muro caiado
moscas se juntam.

Just här brann solen…
En mast med svarta segel
från för längesedan.

Aqui queima sol…
Mastro com velas negras
de muito tempo.

Håll ut näktergal!
Ur djupet växer det fram –
vi är förklädda.

Firme rouxinol!
Do fundo pode crescer –
somos disfarces.

X

Döden lutar sig
och skriver på havsytan.
Kyrkan andas guld.

X

Morte caindo
escreve sobre o mar.
Sé – ar de ouro.

Det har hänt något.
Månen lyste upp rummet.
Gud visste om det.

E aconteceu.
Lua ilumina quarto.
E Deus sabia.

Taket rämnade
och den döda kan se mig.
Detta ansikte.

Teto desabou
o morto pode me ver.
Aquele rosto.

Hör suset av regn.
Jag viskar en hemlighet
för att nå in dit.

Ouça a chuva.
Cochicho um segredo
para chegar lá.

Scen på perrongen.
Vilken egendomlig ro –
den inre rösten.

Cena na estação.
Que calma particular –
a voz de dentro.

XI

Uppenbarelse.
Det gamla äppelträdet.
Havet är nära.

XI

A revelação.
Macieira ancestral.
O mar é perto.

Havet är en mur.
Jag hör måsarna skrika –
de vinkar åt oss.

O mar é muro.
Ouço gaivotas gritar –
elas acenam.

Guds vind i ryggen.
Skottet som kommer ljudlöst –
en alltför lång dröm.

Vento divino.
Tiro que chega sem som –
um sonho bem longo.

Askfärgad tystnad.
Den blå jätten går förbi.
Kall bris från havet.

Silêncio cinza.
Gigante azul passa.
Mar frio, brisa.

Stor och långsam vind
från havets bibliotek.
Här får jag vila.

Vento devagar
da biblioteca do mar.
Aqui descanso.

Människofåglar.
Äppelträden blommade.
Den stora gåtan.

Pássaros homens.
Macieiras viram flor.
Grande enigma.

POSFÁCIO

É com alegria que entrego ao leitor brasileiro a tradução da presente seleção de poemas de Tomas Tranströmer. Muito antes de receber o prêmio Nobel de literatura em 2011, Tranströmer era sem dúvida o poeta sueco vivo mais amado na Suécia e mais reconhecido internacionalmente, com poemas traduzidos em mais de 60 línguas. Foi um dos raros casos, nos últimos anos, de um autor que se soube renomado mundialmente antes de receber o prêmio. Não obstante, continua desconhecido e não traduzido no Brasil, só contando com a tradução de 11 poemas haiku, feita por Marta Manhães de Andrade para o número da revista *Poesia Sempre* dedicado à poesia sueca por mim organizado e publicado pela Biblioteca Nacional em 2006.

A escolha dos poemas seguiu um princípio difícil e simples. Começou com o primeiro poema publicado em 1954 e que abre o seu primeiro livro de poesia intitulado *17 Poemas*. Para o presente volume, traduzi apenas o primeiro desses poemas, chamado *Prelúdio* e que começa com o verso «Acordar é saltar de sonhos com paraquedas». Do primeiro poema escrito na década de 1950 saltei para a década de 1970, começando com um fragmento poético inédito, gentilmente concedi-

– 217 –

do por sua viúva, Monica Tranströmer, e continuando com o longo poema *Mares do Leste* de 1974. Da década de 1970 saltei mais vinte anos para a década de 1990, ano em que Tranströmer sofreu o derrame cerebral que o deixou afásico e paralisado no lado direito. Traduzi todos os poemas escritos e publicados até a sua morte em 2015: *Gôndola lúgubre* (1996), *Prisão* (2001), *Grande enigma* (2004) e os *Poemas Haiku*. A tradução do livro de prosa autobiográfica, intitulado *Minnena ser mig*, [As memórias me veem], publicado no original em 1993, será lançada em breve, num volume separado.

O princípio que orientou a presente escolha dos poemas foi trazer à tona a poética da interrupção que caracteriza a obra de Tranströmer. O próprio Tranströmer chegou a se definir certa vez dizendo: «sou um poeta que se deixa interromper», de acordo com um depoimento de Monica Tranströmer. Tendo trabalhado a vida toda como psicólogo para sobreviver, Tranströmer foi sempre interrompido pelo cotidiano. Tendo vivido 25 anos sem poder falar por causa do derrame e só podendo usar a sua mão esquerda para escrever e tocar piano, Tranströmer viveu interrompido pela vida. A interrupção foi no entanto mais do que uma circunstância biográfica. Trata-se bem mais de uma poética, pois o que marca de maneira enfática a obra de Tranströmer é o modo como o desapercebido e o inaudito interrompem inesperadamente todo curso natural das percepções e das escutas, da vida da linguagem e da linguagem na vida. A poesia de Tranströmer é feita de saltos sutis e imprevistos, onde imagens conhecidas descobrem instantes de estranheza, onde linhas aguardadas de pensamento revelam repentinamente atalhos imprevisíveis de sentido, onde consoâncias familiares subitamente dissoam e onde o ritmo das coisas bate fora de ritmo. O tempo todo, pode-se fazer a experiência de como por um momento, batidas regulares de coração se desregulam, ora acelerando, ora ralentando. É sem dúvida uma poesia cardiográfica.

Traduzir poesia é tarefa extremamente complexa. Não há como não repetir esse lugar-comum. Tradutor, traidor, transcriador, intradutor ou transpositor – qualquer que seja o modo que se ensaie para descrever os percalços desse difícil itinerário de uma língua poética para a outra e para construir uma teoria da tradução, permanece sempre aquém da experiência singular que é a tradução de cada verso, de cada poema, de cada poeta, de cada língua poética. Em cada verso e poema, cada poeta pronuncia uma língua poética que precisa ser aprendida sempre de novo, a cada vez.

Como toda língua poética, a de Tranströmer é muito particular, mas, sem dúvida, à sua maneira. É uma língua geológica e geográfica que não se cansa de decalcar a paisagem em palavras transparentes. Conhecida por suas metáforas e imagens, a sua poesia é aprendiz de paisagem. Tranströmer foi educado por um arquipélago. É ademais uma língua sempre à beira da língua mais cotidiana, em certo sentido, da língua menos poética do dia a dia – essa que data, classifica, pontifica, comunica. Mas por estar sempre à beira de perder-se, de não mais saber falar, de não conseguir se mover poeticamente, é uma língua cheia de dramas e intensidades, pois nela tudo é por um triz. Por um triz, os sentidos podem ser o avesso do sentido; por um triz, o ritmo perde o passo; por um triz, a vida abandona e se abandona à vida. Essa experiência é marcante na língua sueca que, dentre as línguas escandinavas, tem a singularidade de já possuir uma diferença de tonalidade, típica das línguas orientais. Dependendo de como certas palavras são acentuadas, o sentido se transforma inteiramente: *hälsa på* pode significar tanto apresentar-se para alguém como fazer uma visita, *tomten* diz tanto o Papai Noel como o terreno, *regel* tanto regra como um tipo de fechadura. Ademais, no sueco, vogais podem ser palavras – *ö* significa ilha, *å*, riacho e o sentido muitas vezes se decide pelas suas extensões longa ou breve. O sueco é uma língua que vive se interrompendo com seus acentos inesperados, suas melodias inimitáveis, seus ritmos secretos. A língua poética de Tranströmer é mestra desses inesperados, dessas imprevisibilidades e segredos. Nela, a língua dos lugares e das horas, dos sonhos e das vigílias, do chegar e desaparecer descobre camadas e eras de enigmas. Tudo se passa pela via da interrupção, quer de uma direção, quer de uma posição, de uma memória ou de uma expectativa, de uma pronúncia ou de uma pontuação. Toda continuidade de sentido se vê interrompida e assim trazida para a concentração do súbito e do agora. Desde o primeiro verso que escreveu, a poética de Tranströmer tende para a concisão de um haiku, onde a surpresa se sustenta em imagens instantâneas e cometas sonoros. A sua poesia sempre se esforçou para reunir a simplicidade cotidiana da fala com a precisão colossal da música. A presença da música na sua poesia está atestada não apenas pelo fato de sempre ter tocado piano, o que continuou a fazer depois do derrame até morrer, mesmo que só com a mão esquerda, e nem somente pela recorrência de motivos musicais em sua obra – como a referência explícita à *Gôndola Lúgubre* de Liszt ou aos quartetos de Schubert. A música é para Tranströmer aprendizado de uma escuta no fundo obscuro de onde surge o brilho invisível de uma sonoridade, de onde a pronúncia pura e simples de uma palavra aparece feito anúncio e até mesmo prenúncio. Traduzir a poética da interrupção de Tranströmer é traduzir as muitas maneiras em que a palavra interrompe a música e a música a palavra. É, com efeito, levar a escuta para as idas e as vindas de uma tonalidade de linguagem para a outra. O mais laborioso na tradução de seus poemas é fazer aparecer em português o som de água fria corrente batendo em falésias glaciares, ventos transtornando rasgos de calor, verde emergindo do nada, o segundo em que «macieiras viram flor», as tonalidades de uma língua segredada no olhar e, sobretudo, a multivariedade de suas pausas e silêncios.

A presente tradução é o resultado de um trabalho de muitos anos, inúmeras vezes interrompido. Algumas poucas observações devem ser feitas à tradução. A primeira refere-se ao nome de um pássaro, *lärka*, conhecido pelo seu canto vibrante. Na Suécia, existem três tipos: *sånglärka* (*Alauda arvensis*), *trädlärka* (*Lullula arborea*) e *berglärka* (*Eremophila alpestris*). Ouvindo seu canto, é fácil lembrar de um sabiá e por isso foi traduzido por sabiá vibrante. A segunda diz respeito ao título do longo poema de 1974, *Östersjöar*, traduzido por *Mares do leste*. *Östersjö*, literalmente mar do Leste, é o nome em sueco do mar Báltico. *Sjön*, que significa tanto mar como lago, traz na palavra a vogal *ö* que, como já mencionado, significa ilha, na sua forma plural, *öar*. Usando a forma plural incomum *Östersjöar*, Tranströmer chamou a atenção para as inúmeras ilhas que povoam esse mar que mais parece um generoso leito de rio. São tantas as ilhas no mar Báltico que só no arquipélago sueco contam-se cerca de 32 mil. O poema começa com uma importante referência biográfica ao avô materno de Tranströmer, Carl Helmer Westerberg, marinheiro, que trabalhou parte da vida como *lots*, ou seja, como piloto da pequena embarcação que segue à frente dos navios maiores para assinalar o caminho marítimo, na maior parte das vezes indevassáveis pelas nuvens densas, neves, tempestades e escuridão, e assim protegê-los. Na parede da sala de refeições do apartamento de Tomas e Monica Tranströmer, no bairro de Södermalm em Estocolmo, está pendurado um retrato a óleo do avô Helmer, mostrando claramente como seus olhos viveram, voltados para a frente, sempre à frente. Daí a escolha de "à frente" para traduzir o verbo formado desse substantivo, ambos inexistentes na língua náutica portuguesa. A tradução dos poemas haiku buscou seguir com a maior precisão possível a forma do haiku clássico, usado por Tranströmer, com estrofes de três versos, onde o primeiro tem cinco sílabas, o segundo sete e o último cinco. Por fim, um agradecimento especial a Monica Tranströmer, que tem me orientado com amizade no mundo da poesia de Tomas.

Traduzir não é só trazer de uma língua para outra. É interromper cada uma das línguas, saltando com paraquedas até cair no campo das ressonâncias de uma língua na outra, de uma paisagem na outra, de uma vida na outra. Traduzir é deixar cada outro ecoar dentro de nós e assim outrar-se.

Marcia Sá Cavalcante Schuback
Estocolmo, junho de 2017

BIOGRAFIA

Tomas Tranströmer (1931-2015), Prêmio Nobel de literatura 2011. Com *Mares do Leste*, a editora Âyiné dá início à publicação de suas obras.

Das Andere

1 *Kurt Wolff*, **Memórias de um editor**
2 *Tomas Tranströmer*, **Mares do Leste**
3 *Alberto Manguel*, **Com Borges**
4 *Jerzy Ficowski*, **A leitura das cinzas**
5 *Paul Valéry*, **Lições de poética**
6 *Joseph Czapski*, **Proust contra a degradação**
7 *Joseph Brodsky*, **A musa em exílio**
8 *Abbas Kiarostami*, **Nuvens de algodão**

DIRETOR EDITORIAL
Pedro Fonseca

CONSELHEIRO EDITORIAL
Simone Cristoforetti

COORDENAÇÃO EDITORIAL
André Bezamat

PRODUÇÃO
Zuane Fabbris editor

IMAGEM DA CAPA
Julia Geiser

PROJETO GRÁFICO
ernésto

EDITORA ÂYINÉ
Praça Carlos Chagas, 49 2º andar
CEP 30170-140 Belo Horizonte
+55 (31) 32914164
www.ayine.com.br
info@ayine.com.br

© **2015 Tomas Tranströmer**
First published by Albert Bonniers Förlag,
Stockholm, Sweden

© **2018 EDITORA ÂYINÉ**

2ª edição outubro 2018

ISBN 978-85-92649-32-6

PAPEL: **Polen Bold 90 gr.**
IMPRESSÃO: **Artes Gráficas Formato**